Autor Jason Bittel
Ilustraciones Claire McElfatrick
Asesoramiento Simon Morley
Edición del proyecto Sophie Parkes
Edición de arte sénior Claire Patane
Edición Sarah MacLeod
Diseño Polly Appleton, Eleanor Bates, Hannah Moore
Documentación iconográfica Sakshi Saluja
Edición de producción sénior Dragana Puvacic
Control de producción sénior Inderjit Bhullar
Diseño de cubierta Claire Patane
Edición de cubierta Issy Walsh
Edición ejecutiva Penny Smith
Edición de arte Mabel Chan
Dirección editorial Sarah Larter

De la edición en español:
Coordinación editorial Marina Alcione
Asistencia editorial y producción Eduard Sepúlveda

Servicios editoriales Tinta Simpàtica
Traducción Ismael Belda

Publicado originalmente en Gran Bretaña en 2023
por Dorling Kindersley Limited
DK, One Embassy Gardens, 8 Viaduct Gardens,
Londres, SW11 7BW
Parte de Penguin Random House

Copyright © 2023 Dorling Kindersley Limited
© Traducción española: 2023 Dorling Kindersley Limited

Título original: *The Frozen Worlds*
Primera edición: 2023

Reservados todos los derechos.
Queda prohibida, salvo excepción prevista en la ley, cualquier
forma de reproducción, distribución, comunicación pública y
transformación de esta obra sin la autorización escrita de
los titulares de la propiedad intelectual.

ISBN: 978-0-7440-8923-3

Impreso y encuadernado en China

Para mentes curiosas

www.dkespañol.com

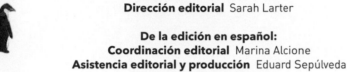
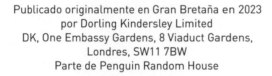

MIXTO
Papel | Apoyando la
selvicultura responsable
FSC™ C018179

Este libro se ha impreso con papel
certificado por el Forest Stewardship
Council™ como parte del compromiso
de DK por un futuro sostenible.
Para más información, visita
www.dk.com/our-green-pledge

INTRODUCCIÓN

Cuando pensamos en el Ártico y en la Antártida, tendemos a imaginar grandes superficies de hielo. Desde luego que hay mucho, ¡pero también una cantidad de vida increíble!

Desde inteligentes orcas y pingüinos veloces hasta charranes viajeros y tiburones de 400 años de edad, ¡los lugares más inhóspitos albergan a numerosas criaturas y esconden muchas sorpresas! En verano, el Ártico estalla con coloridas flores. En la Antártida hay científicos que viven todo el año en laboratorios que parecen estaciones espaciales.

Acompáñame en una increíble aventura por los mundos helados.

Jason Bittel

CONTENIDOS

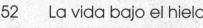

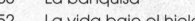
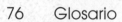

La mayor parte de un iceberg queda bajo la superficie del agua.

¿QUÉ SON EL ÁRTICO Y LA ANTÁRTIDA?

Estos increíbles lugares helados están en lados opuestos de la Tierra: el Ártico en el norte y la Antártida en el sur.

Algunos animales solo viven en uno de los polos. Los **pingüinos**, por ejemplo, se encuentran en la parte sur del planeta y en la Antártida, mientras que los **osos polares** solo viven en el Ártico.

Los icebergs, los glaciares y los volcanes de hielo hacen de los mundos helados lugares muy hostiles, pero también lugares **maravillosos** y de **asombrosa belleza**.

Océano Pacífico

Charrán ártico

EL ÁRTICO

Norteamérica

El Ártico es un océano rodeado de continentes. Abarca una gran área conocida como círculo polar ártico, con el **Polo Norte** terrestre en el centro. Incluye una gran extensión de hielo y el extremo norte de **Asia**, **Europa** y **Norteamérica**.

Asia

Reno

Océano Ártico

Lobo ártico

El Polo Norte
Es el punto más septentrional de la Tierra.

Zorro ártico

Buey almizclero

Liebre ártica

Osos polares

Mar de Noruega

Europa

Inuit pescando

Narval

Charrán ártico

El hielo marino del Ártico tiene hasta 4 m de espesor.

El Ártico

LA VIDA EN EL ÁRTICO

Los animales deben sobrevivir en condiciones de congelación. Para estar calientes, tienen gruesas capas de plumas, pelaje o grasa.

La Antártida es el lugar más frío y seco de la Tierra. Tiene tan poca lluvia que está clasificado como un desierto.

Albatros

Petrel níveo

Océano Antártico

LA ANTÁRTIDA

La Antártida es un continente helado rodeado de agua y azotado por tremendos **vientos**. En el Polo Sur **no hay luz solar** entre marzo y septiembre.

Pingüino emperador

El Polo Sur
Es el punto más meridional de la Tierra.

Pingüinos emperador

Elefante marino meridional

Pingüino de Adelia

Charrán

Foca

Kril

Orca

La Antártida

LA VIDA EN LA ANTÁRTIDA

Las condiciones son muy duras, pero algunos animales viven aquí. La mayoría son pájaros y focas, y no hay grandes animales terrestres.

Sobrevivir en el hielo

Para los animales de los polos, sobrevivir es una batalla diaria. La Antártida tiene las temperaturas más bajas del planeta, mientras que el Ártico es un cambiante laberinto de hielo, nieve y mares helados.

MANTENERSE CALIENTE

Muchos animales polares son más grandes que sus primos de lugares más cálidos, lo que significa que pierden menos calor. Pero tienen muchas formas de vencer el frío.

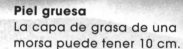

Piel gruesa
La capa de grasa de una morsa puede tener 10 cm.

Zorro ártico

Pelaje
El pelaje grueso y denso de un zorro ártico le permite mantener una temperatura corporal de 40 °C.

Pingüino rey

Charrán ártico

Capas de plumas
Las plumas esponjosas de los pingüinos están protegidas por una capa de plumas rígidas.

Muda
Los pingüinos rey se mantienen impermeables reemplazando sus viejas plumas cada año.

Plumas
Los pingüinos se mantienen calientes y secos con capas superpuestas de plumas impermeables.

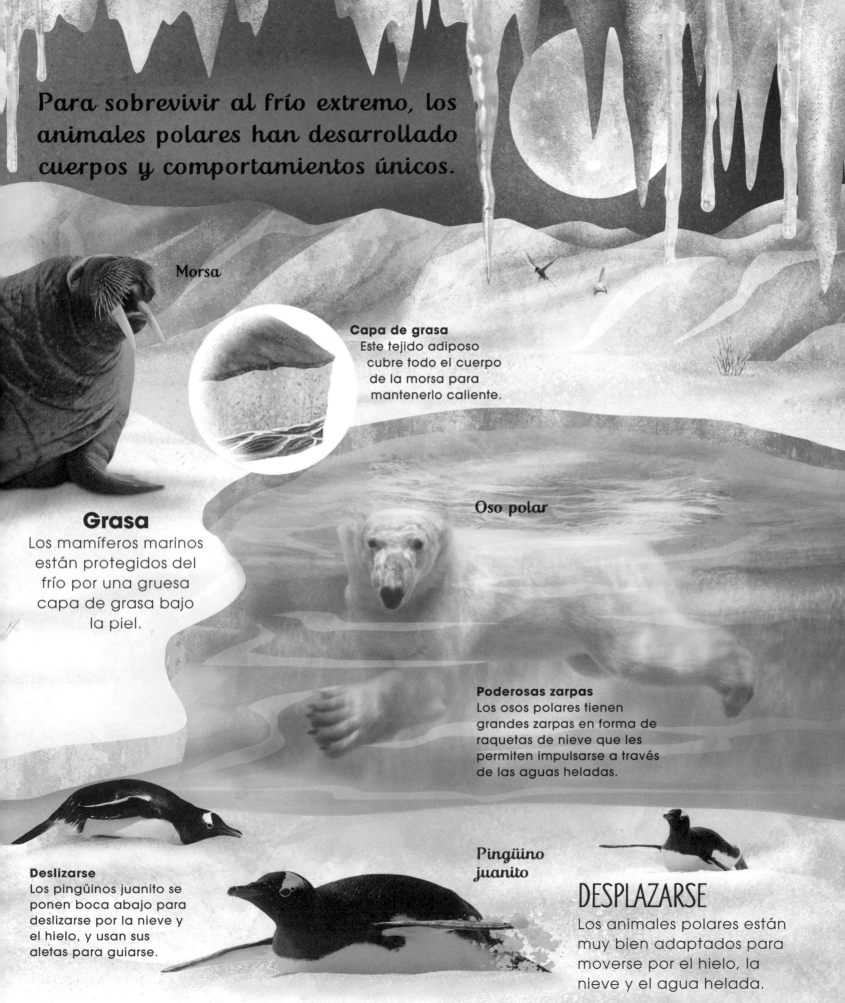

Para sobrevivir al frío extremo, los animales polares han desarrollado cuerpos y comportamientos únicos.

Morsa

Capa de grasa
Este tejido adiposo cubre todo el cuerpo de la morsa para mantenerlo caliente.

Grasa
Los mamíferos marinos están protegidos del frío por una gruesa capa de grasa bajo la piel.

Oso polar

Poderosas zarpas
Los osos polares tienen grandes zarpas en forma de raquetas de nieve que les permiten impulsarse a través de las aguas heladas.

Deslizarse
Los pingüinos juanito se ponen boca abajo para deslizarse por la nieve y el hielo, y usan sus aletas para guiarse.

Pingüino juanito

DESPLAZARSE
Los animales polares están muy bien adaptados para moverse por el hielo, la nieve y el agua helada.

Camuflaje

En el Ártico, el paisaje es blanco y nevado en invierno y marrón y verde en verano. Algunos animales que viven aquí cambian de color y se confunden con el entorno. A medida que el clima se vuelve más frío, cambian su pelaje o sus plumas marrones por mantos de invierno blancos e inmaculados.

Tiene las patas grandes para evitar hundirse en la nieve.

Puntas negras
Las orejas tienen la punta y el interior negros.

Ojo rojo
El lagópodo macho tiene una mancha roja sobre el ojo.

Patas mullidas
Las plumas de las patas le ayudan a mantenerse caliente.

LAGÓPODO ALPINO
Pasa la mayor parte de su vida en el suelo. Sus plumas cambian para camuflarse a lo largo de las estaciones: son blancas en invierno y marrones en verano.

LIEBRE ÁRTICA
Es de color blanco brillante en invierno y marrón o gris en verano. Su pelaje blanco de invierno dificulta que los depredadores las vean en la nieve.

El pelaje invernal del zorro ártico es mucho más grueso que el de verano.

¿Cola o bufanda?
Puede envolverse en su cola para mantenerse caliente.

Suave como la seda
Su pelaje invernal es suave y sedoso.

COMADREJA COMÚN

Los días árticos son más cortos en invierno que en verano. Los días más cortos hacen que comience a crecerle pelo blanco en lugar de castaño.

ZORRO ÁRTICO

La mayoría son grises o negros en verano y blancos en invierno. Su agudo oído les permite detectar diminutos animales ocultos bajo la nieve.

Verano

Como la Tierra orbita alrededor del Sol una vez al año, el hemisferio que se inclina hacia el Sol experimenta el verano. Esta temporada es más extrema en los polos de la Tierra.

Época de cría
Muchas especies de aves polares se aparean y reproducen en verano.

Gerifalte

Ánsar de Ross

En los veranos polares, el Sol nunca se pone del todo.

«La tierra del sol de medianoche»
A Noruega se la llama así porque más de la mitad está en el círculo polar ártico, y en verano los días son muy largos.

Calor e insectos
En verano abundan los insectos, y los renos están en constante movimiento para evitar las picaduras.

Reno

Reno

Renos de viaje
Los renos, también llamados caribúes, pueden migrar hasta 640 km durante el verano ártico para llegar a sus áreas de parto, donde dan a luz a sus crías.

POLOS NORTE Y SUR
Las estaciones en los polos norte y sur son opuestas.
Esto se debe a que cuando un polo se inclina hacia el Sol y experimenta el verano, el otro se inclina alejándose del Sol y experimenta el invierno.

Invierno

El invierno es la estación que se da cuando un hemisferio queda más lejos del Sol. En los polos, esto significa que las plantas y los animales deben soportar la oscuridad durante meses.

En los inviernos polares, el Sol nunca sale del todo.

Seis meses de oscuridad
Imagina una noche que dura medio año y sabrás cómo es vivir en los polos en invierno.

La vida en el norte
Unos 4 millones de personas viven en el Ártico.

Gaviota marfileña

Osos polares

Bebés invernales
Los osos polares del Ártico dan a luz en diciembre, cuando está oscuro.

El invierno es una época de abundancia para animales como los osos polares, mientras que el verano puede ser una época de hambre.

Icebergs

Los icebergs son trozos de hielo de agua dulce de más de 15 m de largo. Se forman cuando un fragmento de hielo se desprende de un glaciar o una plataforma de hielo. El iceberg flota entonces libremente en el océano. Algunos son tan pequeños como un coche, ¡y otros son tan grandes como pequeños países!

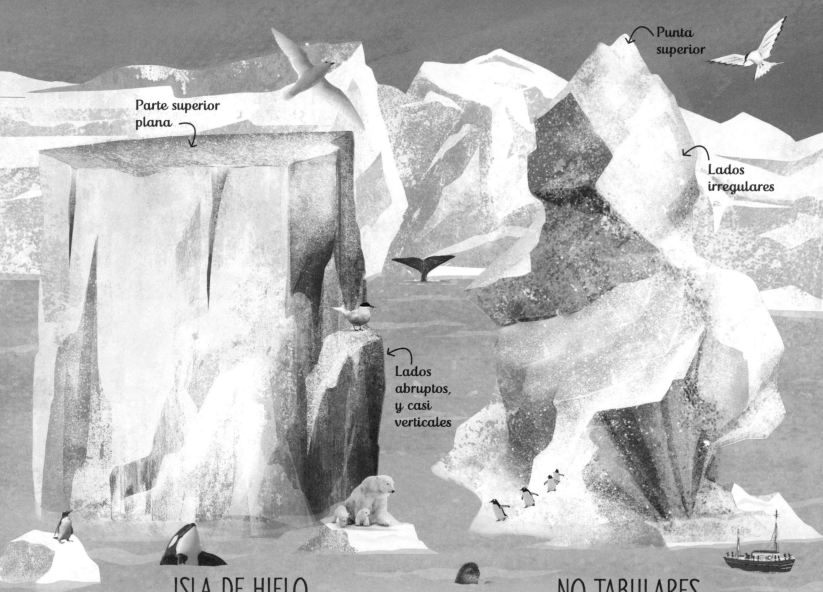

Punta superior

Parte superior plana

Lados irregulares

Lados abruptos, y casi verticales

ISLA DE HIELO

Este es un iceberg que se ha desprendido del borde de una plataforma de hielo. Estas islas de hielo también se conocen como icebergs tabulares. Tienen forma cuadrada y pueden ser muy grandes.

NO TABULARES

No todos los icebergs tienen la parte superior y los lados planos. Los más irregulares se denominan icebergs no tabulares. Existe una amplia gama de formas y tamaños.

PLANOS POR ARRIBA

Tienen lados cortos y la parte superior lisa y plana, Algunos son muy rectangulares.

ABOVEDADOS

Sus lados se van elevando constantemente y crean una cúpula redonda y suave.

EN PINÁCULO

Estos icebergs tienen al menos una columna alta que se eleva desde su base.

INCLINADOS

Estos icebergs se forman cuando los icebergs tabulares se inclinan. Tienen lados rectos y la parte superior inclinada.

Solo el 10 por ciento de un iceberg sobresale por encima del agua y es visible. La mayor parte del volumen queda oculto.

CON RADA

El clima y las olas desgastan los icebergs. Esto puede crear la forma de una rada: un hueco en forma de U.

CAJAS

Altos y grandes, tienen forma de enormes cajas. Tienen los lados muy rectos y empinados.

DESGASTADOS

Con el tiempo, algunas partes se desgastan. A veces se forman arcos justo en el medio.

CUÑA

Icebergs tabulares que se han volcado. Sus lados triangulares se estrechan hacia una arista.

Estalactitas de hielo

Al congelarse el agua de mar, la sal es expulsada del hielo, lo que crea salmuera, un líquido muy frío y salado. Cuando la salmuera fluye hacia el fondo del océano, hace que el agua a su alrededor se congele al instante, creando un carámbano hueco conocido como «dedo de la muerte».

Dedo de la muerte

Medusa

Asesino frío

El dedo de la muerte crece lentamente en el agua. Al llegar al lecho marino, se endurece en forma de camino helado, congelando y matando a cualquier criatura que tenga la mala suerte de quedar en su camino.

Trayectoria helada

Estas curiosas formaciones submarinas también se conocen como «estalactitas marinas» o «carámbanos de la muerte».

Focas

Sangre azul
Una proteína azul permite que la sangre del pulpo transporte oxígeno cuando hace frío. ¡Por eso su sangre es azul!

Pulpo antártico

Respiran aire
Algunos animales, como las focas, cazan bajo el hielo, pero tienen que salir a la superficie para respirar.

Blénido antártico

Estrella de mar

Bentos
Las comunidades de criaturas del fondo marino, llamadas bentos, comen los nutrientes que caen de arriba, ¡y se comen entre ellos!

Antiguo y frío
Los bentos crecen despacio, pero pueden vivir muchas décadas.

 Erizo de mar

Fuego y hielo

Pese a estar cubiertos de hielo, en el Ártico y el Antártico también hay volcanes. El oeste de la Antártida tiene más de 130 volcanes, y probablemente haya muchos más que aún no se han descubierto. Estos volcanes cubiertos por el hielo son la región volcánica más grande de la Tierra.

En 2017, se descubrieron **91 nuevos volcanes...**

Lava

MONTE EREBUS

El monte Erebus, en la Antártida, es el volcán activo más al sur de la Tierra. A diferencia de muchos otros volcanes, tiene un lago de lava en su cráter central durante todo el año.

Lagos de lava
Solo ocho volcanes en el mundo tienen burbujeantes lagos de lava como el monte Erebus.

Bajo tierra y bajo el agua

La mayoría de los volcanes de la Antártida se encuentran bajo una capa de hielo de 3 km de espesor. También hay volcanes bajo el agua, como Isla Decepción, un volcán activo que se encuentra en su mayor parte bajo el agua.

Cuevas de hielo
El vapor caliente del Erebus ha ahuecado áreas de hielo alrededor del volcán, y ha formado cuevas de hielo.

Se cree que solo unos pocos volcanes ocultos bajo la capa de hielo de la Antártida están activos.

... bajo la capa de hielo de la Antártida occidental.

Peligros helados

Los científicos han descubierto recientemente muchos de estos volcanes. Todavía no saben qué sucederá cuando entren en erupción, pero es posible que en ese caso derritan parte del hielo.

BEERENBERG

El Beerenberg, cubierto de glaciares, es el volcán activo más al sur de la superficie de la Tierra. Se encuentra en una isla llamada Jan Mayen, en la zona ártica de Noruega. Entró en erupción por última vez en 1985.

La montaña de los osos
Beerenberg, en neerlandés, significa «montaña de los osos». Se llama así por los osos polares que los balleneros veían en el siglo XVII.

Oso polar

Osos escasos
La probabilidad de ver un oso polar en el Beerenberg es hoy muy escasa.

Ríos en el hielo

En los polos, además del hielo, hay ríos líquidos, lagos y cascadas gigantes. Algunos ríos se forman cuando el viento se lleva la nieve y descubre hielo oscuro debajo. Este hielo absorbe la luz solar y se calienta, lo que hace que se derrita más rápido.

¡Los polos no están completamente helados!

Río

LA ANTÁRTIDA

En la Antártida, en verano, cuando se derrite más hielo, se forman unos 700 ríos y arroyos más pequeños en todo el continente, los cuales llevan el hielo derretido de vuelta al mar.

Los científicos estudian cómo el agua de deshielo afecta

Estanques

Al derretirse, el hielo polar se acumula y forma estanques. Algunos de ellos, en los que desembocan muchos ríos, ¡tienen hasta 80 km de largo!

Estanque fundido

Ríos bajo el hielo

Hay enormes ríos que llevan agua entre lagos a 500 m bajo la superficie. Estos ríos incluso albergan anfípodos, unos pequeños parientes de los cangrejos.

Glaciares

Aunque no son exactamente ríos, los glaciares se pueden encontrar en las regiones polares. Son inmensas masas de hielo que se mueven muy lentamente sobre la tierra.

Cataratas

Cuando los ríos de agua de deshielo llegan al borde de la plataforma de hielo, se forman hermosas cascadas azules.

Cascada

ÁRTICO

El Ártico también tiene ríos. Hay cinco ríos principales que vierten grandes cantidades de agua dulce de América del Norte, Europa y Asia al océano Ártico.

al ascenso del nivel del mar y el cambio climático.

Auroras polares

La aurora boreal y la aurora austral son espectáculos de luz natural que pueden verse de noche cerca de los círculos polares ártico y antártico. Parecen fuegos, cortinas o cintas de luz que brillan y bailan a lo largo del horizonte.

Las **auroras** reciben el nombre de la **diosa romana...**

Colores

Las auroras polares pueden ser azules, rojas, amarillas, verdes, moradas o naranjas. Sus colores dependen de qué gases en nuestra atmósfera reciben el impacto de las partículas solares.

*... del amanecer, **Aurora**.*

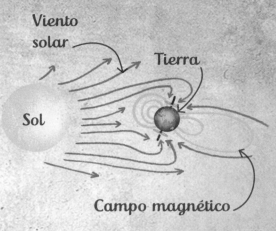

Viento solar

Sol

Tierra

Campo magnético

¿Cómo y por qué?

Las partículas solares, transportadas por el viento solar, chocan con los gases de la atmósfera terrestre y forman auroras polares. Tienen lugar en los polos porque la forma del campo magnético de la Tierra desvía hacia ellos las partículas.

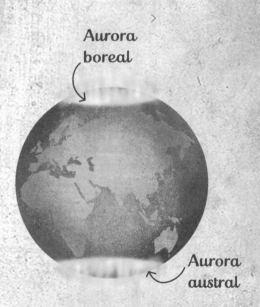

Aurora boreal

Aurora austral

Las auroras polares

se denomina aurora boreal cuando aparece en el hemisferio norte de la Tierra, y aurora austral en el hemisferio sur.

Esta osa polar y su cría se refugian en los bosques del Parque Nacional Wapusk (Canadá).

VIDA ÁRTICA

Aunque te imagines el Ártico como un lugar oscuro y vacío, en realidad está lleno de vida.

Los narvales y los tiburones de Groenlandia se deslizan por las aguas y los osos polares rondan por la tierra. **Las focas y las morsas buscan alimento** en el océano y van a tierra firme para descansar y cuidar a sus crías. **Millones de aves llegan** cada verano. Y en las costas y en la tundra **aparecen muchas flores.**

Y también vive gente, ¡las primeras personas llegaron al Ártico hace al menos 45 000 años!

Tundra ártica

El paisaje del Polo Norte consiste en algo más que nieve y hielo sin vida. Al llegar el verano aparecen flores silvestres en una explosión de color, además de arbustos y líquenes, y decenas de millones de aves llegan para reproducirse.

Págalo parásito

Buey almizclero

Eider real

Humedales
El deshielo crea importantes hábitats de agua dulce, como ciénagas y marismas.

Oso polar

¿Qué es la tundra?

La tundra ártica la forman llanuras tan al norte que el frío invernal impide que los árboles echen raíces. La palabra *tundra* proviene de *tunturi*, palabra finlandesa, que significa «llanura sin árboles».

Falaropo picofino

Permafrost

El permafrost es una capa congelada de suelo en la tundra que puede encontrarse desde justo debajo de la superficie hasta cientos de metros bajo tierra. Permanece congelada prácticamente todo el año.

Reno

Migración
Cada verano, los renos migran cientos de kilómetros hasta la tundra.

Liebres árticas

Lleno de vida

Pese a las bajas precipitaciones, las temperaturas extremas y la escasez de alimentos, cientos de especies de plantas y animales logran sobrevivir en la tundra.

Zorro ártico

Mamíferos árticos

En el Ártico hay pocos mamíferos, ya que es un ecosistema duro, pero los que viven allí son criaturas impresionantes. En la región se encuentran las dos especies de osos más grandes del mundo: el oso polar y el oso pardo.

Pasto
Con sus cuernos, los renos cavan en la nieve en busca de comida.

Reno

Liebres árticas

Clima frío
Este zorro puede sobrevivir a -50 °C.

Zorro ártico

Oso pardo

Muchos mamíferos tienen un pelaje blanco que les permite

Lobos árticos

Vida en manada
Los lobos trabajan juntos para abatir presas grandes como renos y bueyes almizcleros.

Abrigo de piel
¡Su pelaje es ocho veces más cálido que la lana de la oveja!

Buey almizclero

Al calentarse el Ártico a causa del cambio climático, las plantas leñosas crecen más al norte que nunca. Algunos animales, como estos, siguen a las plantas hacia el norte, ya que la región se vuelve más habitable para ellos.

Castor americano

Oso polar

Lemming

La fuerza, no el tamaño
Los glotones son depredadores feroces. Pueden romper huesos de animales mucho más grandes que ellos.

Ingenieros árticos
Los castores comen plantas leñosas, y construyen presas con ellas. Estas represas crean estanques, que podrían estar causando que el permafrost de debajo se descongele, transformando así el paisaje.

Oso de hielo
El pelaje del oso polar parece blanco, pero en realidad es transparente.

Glotón

confundirse con la nieve y el hielo.

Abrigo constante
El lobo ártico tiene pelaje blanco todo el año.

Alce

CAMUFLAJE
El pelaje blanco ayuda a muchos animales a confundirse con el entorno. Ello permite a cazadores como el lobo ártico acercarse a sus presas sigilosamente.

Ciervo gigante
El alce europeo es el tipo de ciervo más grande. Depende de las plantas leñosas para alimentarse y prefiere un hábitat frío, por lo que su número aumenta en el Ártico, donde hace más frío.

Ánsar nival

Colimbo chico

Eider real

Búho nival

Exhibiciones
Los machos de eider
real tienen coloridas
caras amarillas,
naranjas y rojas.

Cisne chico

Colimbo grande

Tundra

Algunas aves, como el búho
nival, anidan en el suelo en las
llanuras sin árboles de la tundra.
El espacio abierto les permite
ver en todas direcciones para
proteger sus nidos.

Falaropo de
pico grueso

Págalo rabero

Aves del Ártico

**Unas 200 especies de aves viven al menos
parte del año en el Ártico.** Algunas viajan
miles de kilómetros para llegar, incluso desde
lugares tan lejanos como la Antártida. Otras
desafían las bajas temperaturas todo el año.

Gallinas de la tundra
Los lagópodos alpinos son
aves del tamaño de
gallinas que anidan en el
suelo y están emparentadas
con los urogallos.

Macho

Hembra

Lagópodo
alpino

Eider común

Escribano nival

Migración

¿Por qué viajar al otro lado del mundo? Las aves que migran al Ártico todos los veranos saben que allí hay menos depredadores y menos parásitos.

Viajeros
Los charranes árticos viajan desde la Antártida hasta el Ártico. Es la migración más larga.

Charrán ártico

Halcón peregrino

Frailecillo atlántico

Gaviota tridáctila

Arao aliblanco

Alcatraz común

Acantilados

Los promontorios rocosos proporcionan lugares seguros para que las aves se reproduzcan en el Ártico protegidas del frío y lejos de los depredadores.

Rey de las gaviotas
El enorme gavión atlántico es la gaviota más grande.

Gavión atlántico

Pigargo europeo

Vuelvepiedras común

Correlimos tridáctilo

Correlimos de Alaska

Buen buceador
El mérgulo atlántico se sumerge hasta 35 m para pescar.

Fulmar boreal

Alca común

Agua

Muchas aves del Ártico son grandes nadadoras y buceadoras, como el frailecillo atlántico, que puede bucear y nadar bajo el agua para cazar peces.

Mérgulo atlántico

Vida en el agua

Desde pájaros que se sumergen en las profundidades hasta unicornios marinos, las criaturas del Ártico han desarrollado estrategias y características curiosas para sobrevivir en el frío mundo bajo el hielo.

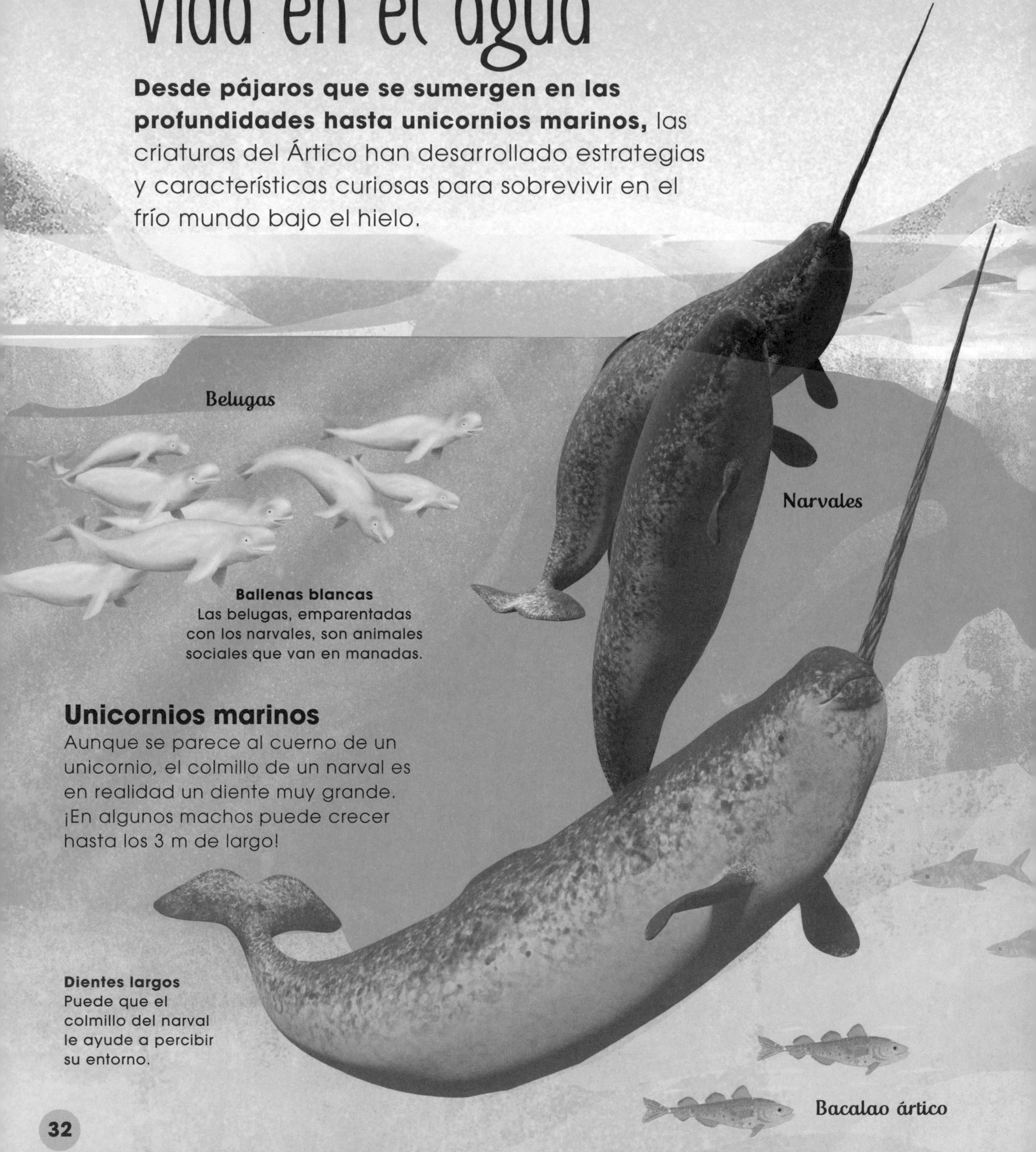

Belugas

Narvales

Ballenas blancas
Las belugas, emparentadas con los narvales, son animales sociales que van en manadas.

Unicornios marinos

Aunque se parece al cuerno de un unicornio, el colmillo de un narval es en realidad un diente muy grande. ¡En algunos machos puede crecer hasta los 3 m de largo!

Dientes largos
Puede que el colmillo del narval le ayude a percibir su entorno.

Bacalao ártico

Morsas

Al acecho
Los sensibles bigotes les ayudan a las morsas a encontrar marisco.

Guardería de hielo
Los bebés de foca pía nacen en grandes grupos en el hielo marino.

Focas pías

Muchos mamíferos del Ártico tienen una capa de grasa que los mantiene calientes en el clima gélido.

Buceadores
Los araos se sumergen hasta 180 m en el agua en busca de peces.

Araos

Eglefino del Ártico

Morsa

33

Tiburón de Groenlandia

Son menos conocidos que los tiburones blancos, pero los tiburones de Groenlandia baten muchos récords. ¡Los científicos creen que esta enorme especie puede vivir más de 400 años! Estos antiguos gigantes son bastante misteriosos para los científicos, que aún no saben mucho sobre ellos.

Gigantes de agua fría
¡Un tiburón de Groenlandia puede llegar a pesar hasta 1,3 toneladas y ser más largo que una jirafa!

¡El tiburón de Groenlandia vive más que ningún otro vertebrado!

Tiburones durmientes
Los tiburones de Groenlandia son un tipo de tiburón durmiente: reciben ese nombre por la forma en que se acercan sigilosamente a sus presas.

¡Un tiburón de Groenlandia **actual**...

En el estómago de un tiburón de Groenlandia se ha encontrado de todo, desde renos hasta osos polares.

Viajeros por el mundo

Antes se pensaba que los tiburones de Groenlandia solo vivían en las frías aguas del Ártico. Sin embargo, en tiempos recientes se han avistado mucho más al sur, por ejemplo en Belice, América Central. Los científicos creen que las profundidades del océano pueden ser lo bastante frías como para que puedan vivir allí.

Anticongelante
Unas sustancias de los tejidos de su cuerpo evitan que se congelen y los ayuda a sobrevivir en los lugares más fríos.

Carroñeros
Los tiburones de Groenlandia son carnívoros y carroñeros. Se alimentan de peces, calamares y mamíferos marinos, entre ellos las focas.

Pérdida de visión

En los globos oculares de los tiburones de Groenlandia suele haber unos pequeños crustáceos parásitos. Esto los vuelve parcialmente ciegos, pero no parece molestarlos.

... podría haber vivido **en el siglo XVII!**

Árboles

En la tundra ártica no solía haber árboles, pero con el aumento de las temperaturas por el cambio climático, algunos tipos, como las píceas, crecen más al norte.

Plantas árticas

Gran parte del Ártico es mar y hielo, pero unos 1700 tipos de plantas echan raíces en las partes más septentrionales de Europa, Asia y América del Norte. Deben sobrevivir al duro invierno, pero la luz solar casi constante del verano las hace prosperar.

Sauce ártico

Hechas para el invierno

Para evitar congelarse, las plantas árticas cuentan con adaptaciones especiales. A menudo tienen raíces cortas y son de poca altura.

Liquen de taza boreal

Amapola ártica

Liquen Peltigera aphthosa

Musgo Sphagnum

Líquenes

Aunque parecen plantas, los líquenes en realidad son una combinación de hongos y algas. Crecen en casi cualquier lugar y proporcionan alimento, hogar y material para nidos a varios animales.

Liquen de los renos

Epilobio

Uva de
oso

Flores

En verano, el Ártico estalla
de color. Algunas flores viven
solo unos días, pero cada
una es una fuente importante
de nutrientes para la vida
silvestre del Ártico.

Hierba
algodonera

Saxifraga hirculus

*Cerastium
fontanum*

*Saxifraga
púrpura*

Musgo
Sphagnum

Musgo
Polytrichum

Musgos

Verdaderas alfombras de musgos crecen
donde otras plantas no pueden. Extraen
la humedad del aire y del suelo, pero
también pueden sobrevivir a períodos
de sequía y al frío extremo.

Artrópodos árticos

Ningún ecosistema estaría completo sin insectos, ¡tampoco el Ártico! Desde polinizadores hasta parásitos, muchos insectos y arácnidos han encontrado formas sorprendentes de prosperar y sobrevivir en el duro y frío norte.

Abejorro ártico

Polilla Gynaephora groenlandica

Anticongelante
¡La sangre de esta oruga tiene sustancias que evitan que se congele.

Calor de flores
Las flores en forma de cono canalizan el calor del sol y ayudan a calentarse a los abejorros.

Oruga de Gynaephora groenlandica

Gynaephora groenlandica

La mayoría de las orugas se transforman en polillas y mariposas en su primer año, pero no esta. El frío del Ártico la obliga a tomarse su tiempo. Vive siete años como larva antes de convertirse en polilla en un proceso llamado metamorfosis.

Abejorro ártico

Los abejorros no pueden volar si hace frío. Se calientan al sol y hacen temblar sus músculos de vuelo para generar calor. Su pelaje grueso y un tamaño un poco más grande de lo normal también les ayudan a soportar el frío.

Chupasangres

Las hembras de mosquito beben sangre animal para obtener proteínas, que usan para producir huevos.

Mosquito

El círculo de la vida

Una vez que el reno estornuda las larvas y estas llegan al suelo, maduran y se convierten en adultos que repiten este extraño ciclo.

Reno

Minúsculas

Estas mosquitas son tan pequeñas que apenas se ven.

Mosca

Larva

Seguras y cómodas

En la cavidad nasal de un reno puede haber más de 50 larvas de estro. El calor de la nariz y la garganta ayuda a las larvas a sobrevivir en invierno.

Garrapata

Polizontes

Las garrapatas se posan en la hierba y esperan a que pase algo para comer.

Estro adulto

Alimentarse de sangre

En el Ártico hay muchos parásitos, que beben la nutritiva sangre de animales más grandes para sobrevivir. Una gran cantidad de estas diminutas criaturas puede forzar el movimiento de animales más grandes, como los renos.

Estros

Los renos son clave para los estros. Estas moscas parásitas ponen sus larvas en la cara de un reno, y después las larvas migran a sus fosas nasales y su garganta para pasar el invierno. En primavera, las larvas se sueltan y el reno las estornuda.

La ruta marítima a través del Ártico suele estar libre de hielo solo ocho semanas, desde agosto hasta octubre.

Pilotos del hielo
Solo personas con mucha experiencia, los pilotos del hielo, pueden navegar en barcos por el mar helado.

Algunos **rompehielos**

Superpotencia
Romper todo ese hielo requiere mucha energía, por lo que los barcos rompehielos tienen más potencia que otras embarcaciones. ¡Algunos incluso funcionan con reactores nucleares!

Viajar con ruidos
El hielo, a medida que se dobla y raspa el costado del barco, hace todo tipo de ruidos. Puede gruñir, gemir, crujir ¡e incluso gritar!

Hielo expulsado a los lados

Los barcos dependen de los rompehielos para abrirse camino en el hielo del Ártico durante el resto del año.

Cooperación
Los barcos normales contratan rompehielos para abrir camino en el hielo y los siguen de cerca.

Barco normal

navegan por hielo de hasta **5 m de grosor.**

Rompehielos

Romper el hielo
Los rompehielos tienen cascos muy fuertes para resistir la fuerza de los choques contra el hielo. Su proa curva les permite deslizarse sobre hielo grueso, el cual se agrieta bajo el peso del barco.

Morro ancho
Su forma especial, ancha en la parte delantera y más estrecha en la parte trasera, permite al rompehielos despejar el camino a través del grueso hielo para otros barcos.

Rompehielos

Una de las formas más fáciles y directas de cruzar el hemisferio norte es a través del círculo polar ártico. Pero hay un problema: hay hielo, ¡y mucho! ¿La solución? Barcos rompehielos grandes y resistentes especialmente construidos para abrirse paso a través de la gruesa capa de agua helada.

La vida en el Ártico

En el Ártico existen pueblos indígenas al menos desde hace 45 000 años. Hay más de 40 grupos étnicos diferentes, desde los samis, en el norte de Europa, hasta los nenets y los janty en Rusia, y los aleutas y los yupik en Alaska. Tanto pueblos indígenas como no indígenas siguen viviendo allí, pero la vida es diferente ahora.

Suelo inestable
El cambio climático hace que se derrita el permafrost. Esto amenaza con derribar los edificios y carreteras y podría alterar también el suministro de agua.

La captura del día
La gente depende sobre todo de los alimentos que capturan, como peces, focas y renos. Las frutas y verduras y alimentos como galletas y bebidas gaseosas deben traerse en barco (cuando el hielo se derrite) o en avión. Esto hace que sean muy caros.

Pesca

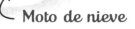

Moto de nieve

Avión ligero

Desplazamientos

Algunas comunidades del Ártico tienen pistas de aterrizaje para que pequeños aviones puedan transportar personas y mercancías. Durante miles de años, se emplearon trineos tirados por perros. Hoy se suelen usar motos de nieve.

De viaje

Algunas personas tienen un estilo de vida nómada. Esto significa que siempre se están moviendo para seguir a las manadas de renos a medida que cambian las estaciones.

Renos

La gente ha encontrado formas de sobrevivir en algunos de los lugares más remotos de la Tierra.

En casa y de caza

Edificios como estas coloridas casas de madera en Groenlandia son comunes en el Ártico. Los inuit, un grupo indígena muy extendido por toda la zona, utilizan iglúes como refugio en viajes de caza y pesca, y para ceremonias culturales.

Carreteras de hielo

En el invierno, se construyen carreteras de hielo sobre la tundra congelada, los lagos y los ríos.

Ropa de temporada

Tradicionalmente, las personas que vivían en el Ártico confeccionaban ropa con las pieles de los animales que cazaban, como las focas y los osos. Hoy suelen usar materiales de producción industrial.

Las ciudades del Ártico

¿Ciudades en el ártico? ¡Sí, también existen!
De hecho, hay 10 ciudades al norte del círculo polar ártico con poblaciones de 30 000 personas o más. La más grande es Murmansk, en Rusia.

Hábitats duros

A algunas ciudades, como Norilsk, en Rusia, solo se llega en barco o en avión ¡porque no hay carreteras! Las temperaturas también pueden ser un desafío importante. Murmansk en invierno puede llegar hasta los -39,4 °C.

Días largos y largas noches

La mayoría de estas ciudades tienen al menos un día cada invierno en el que el sol no sale, y al menos un día cada verano en el que el sol no se pone.

Ciudades sin árboles

Al estar tan al norte, en la mayoría de las ciudades del Ártico no hay árboles.

Actividades árticas

Hay muchas cosas buenas de vivir en el Ártico: las largas noches pueden traer hermosas puestas de sol y auroras, y se puede disfrutar de los deportes de nieve, como el esquí y el senderismo.

Comunidades árticas

En las ciudades del Ártico viven tanto personas indígenas como no indígenas.

Exploración del Ártico

Desde comienzos del siglo XIX, los exploradores empezaron a obsesionarse con ser los primeros en viajar al Polo Norte. Dos expediciones afirmaron haber logrado la hazaña por separado en 1908 y 1909, pero los expertos no pueden asegurar con certeza si realmente llegaron al Polo Norte.

NUMEROSOS VISITANTES

Si bien visitantes de muchos lugares han formado parte de la exploración del Ártico, es importante recordar que los pueblos indígenas han habitado esta región desde hace al menos 45 000 años. Los científicos e historiadores creen que la primera persona no indígena que visitó el Ártico fue un antiguo explorador griego llamado Piteas, que vivió alrededor del año 300 a. C.

Supervivencia en la nieve
Los inuit aprendieron a mantenerse calientes y secos haciendo ropa con pieles de foca y ciervo.

Las expediciones viajaban en **trineos tirados por perros**.

Ha habido cientos de expediciones al Polo Norte. ¡Se ha llegado hasta allí con medios tan dispares como esquís, aviones, motos y submarinos!

Polo posible
El equipo de 1909 se hizo una fotografía en lo que creían que era el Polo Norte.

Expedición de 1909

Mucha gente cree que los primeros visitantes no indígenas en llegar al Polo Norte fueron los miembros de la expedición de 1909. Sin embargo, más tarde aparecieron pruebas de que el lugar al que llegó el equipo estaba a cierta distancia del Polo Norte real.

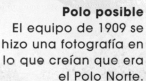

LOUISE ARNER BOYD

En 1955, Boyd se convirtió en la primera mujer en sobrevolar el Polo Norte. A lo largo de su vida, estudió los glaciares y las nuevas especies de plantas del Ártico, e incluso sirvió como espía en la Segunda Guerra Mundial.

Las expediciones al Ártico se enfrentaban a condiciones difíciles y peligrosas.

VIDA ANTÁRTICA

Allí, en la parte inferior del mundo, los científicos están descubriendo los secretos de la Antártida.

La Antártida, que tiene las temperaturas más bajas registradas en la Tierra, no es apta para cualquiera. Pero algunos animales han encontrado la forma de prosperar allí.

Las orcas y las focas persiguen a los pingüinos a través de las olas cuando estas aves nadadoras cazan kril. Mientras tanto, los albatros, petreles y págalos **vuelan por el cielo** sobre ellos. Bajo el hielo, la vida se vuelve aún más extraña: esponjas y gusanos **pasan toda su existencia en completa oscuridad**.

La cola de una ballena jorobada emerge del agua en la Antártida.

La banquisa

A veces, el hielo está suelto y flota libremente, y otras veces está compactado en paredes de cristal. Es una parte cambiante y esencial del paisaje antártico.

Lobo marino antártico

Lugar de descanso
Pingüinos, focas y aves marinas se toman de vez en cuando un descanso en las islas de hielo.

El hielo constantemente **cambia** y **se mueve.**

¿Qué es la banquisa?

La banquisa es una capa de hielo flotante que no está adherido a la tierra. Cuando pequeños trozos de hielo marino se congelan, quedan a la deriva formando esta capa. Los fragmentos llevados por el viento o las corrientes se llaman témpanos. Cuando se encuentran y se congelan juntos, forman vastas áreas de hielo a la deriva.

Rafting y ridging

Cuando un pedazo de hielo es empujado hacia otro, se llama *rafting*. Cuando el hielo se junta y forma una pared sólida, se le llama *ridging*.

Marchando al almuerzo

El kril se alimenta de las algas que crecen en la parte inferior de la placa de hielo. Esto convierte el hielo en un lugar ideal para los comedores de kril, como los pingüinos.

Pingüinos de Adelia

Focas leopardo

Zona de alimentación

Atraídas por los pingüinos que comen kril, las focas leopardo acechan en las aguas de debajo.

La banquisa está en continuo cambio, según la temperatura, el viento y el flujo del océano.

MUNDO CAMBIANTE

Cada invierno, la Antártida duplica su tamaño cuando el agua fría que rodea el continente se congela y se convierte en un espeso hielo marino.

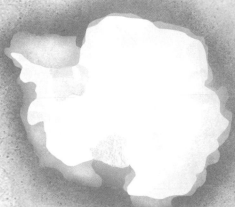

Borde de la banquisa en verano

VERANO

En el verano, el hielo marino alrededor de la Antártida se rompe y se convierte en hielo a la deriva. Luego flota hacia el mar y se derrite de nuevo en el océano.

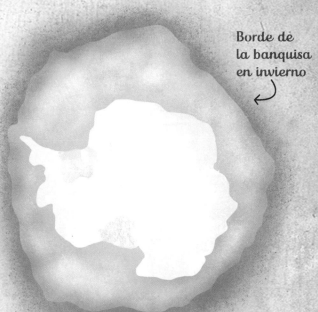

Borde de la banquisa en invierno

INVIERNO

Cuando llega el invierno y desaparece la luz del sol, el agua superficial alrededor de la Antártida vuelve a formar una gruesa capa de hielo.

La vida bajo el hielo

Muy por debajo de la superficie de la Antártida hay un mundo que la mayoría de nosotros nunca veremos.

Aunque la luz del sol no llega hasta allí, el agua bajo la plataforma de hielo es rica en criaturas, la mayoría de las cuales han sido descubiertas recientemente.

Pingüinos

BRIOZOOS

Estas criaturas son conocidas como animales de musgo. Viven en el fondo del mar y comen algas que filtran del agua.

TUBÍCULAS

Los gusanos tubulares producen minerales y crean un caparazón en forma de tubo alrededor del cuerpo para protegerse.

ESPONJAS

¿Sabías que las esponjas son animales? Crecen en el fondo del mar y filtran su comida del agua.

ANFÍPODOS

Hay enjambres de diminutos crustáceos, llamados anfípodos, muy por debajo de la plataforma de hielo de la Antártida.

Lago

FONDO OSCURO

En 2021, los científicos se sorprendieron al descubrir un ecosistema a casi 200 m por debajo de la capa de hielo permanente de la Antártida. Es tan profundo que nunca ve la luz del sol.

Agua caliente
Los científicos usan taladros y agua hirviendo para hacer agujeros en el grueso hielo.

Unos crustáceos transparentes parecidos a camarones y llamados kril son la base de la red alimentaria.

Perforación

Foca leopardo

Kril

Vivir al borde

Donde la capa de hielo se encuentra con el mar, los peces y los pingüinos acuden en masa para comer kril. Los depredadores como las focas leopardo y las orcas no están nunca muy lejos.

Sobre el agua, la Antártida se considera un desierto. Debajo, el frío océano está repleto de vida.

Fuente de energía
La energía luminosa del Sol es absorbida por plantas, algas y animales llamados plancton.

Especies cruciales
El kril engulle pequeñas criaturas llamadas plancton y luego sirve él mismo de alimento. Esto significa que su energía se transfiere a animales más grandes. Sin kril, la red alimentaria se desmoronaría.

Plancton

Fuente de alimento
El plancton son plantas y animales diminutos que flotan con las corrientes oceánicas.

Kril

El kril, que mide alrededor de 6 cm de largo, es un pequeño crustáceo parecido a un camarón que se halla en todo el mundo. Es crucial en las aguas de la Antártida, donde se encuentra en el corazón de la red alimentaria: las conexiones entre todas las diferentes especies en un ecosistema.

Filtrar la comida
El kril usa filtros peludos en sus patas delanteras para recoger y comer plancton en el agua.

Kril

Pingüinos de Adelia

Superdepredador
Las orcas son depredadores con una dieta diversa que incluye animales grandes como pingüinos y focas.

Orca

Buceo de profundidad
Los pingüinos de Adelia pueden nadar hasta 175 m de profundidad para cazar a su principal presa: el kril.

Frenesí alimentario
Algunas aves marinas dependen del kril como su principal fuente de alimento.

Aves marinas

Ballena barbada

Kril

Boca grande
Las ballenas barbadas capturan kril usando unas varas que tienen en la boca llamadas barbas.

Foca cangrejera

El círculo de la vida

Incluso los animales más grandes del planeta, las ballenas azules, dependen de una dieta de kril. Los excrementos de ballena también alimentan al plancton, del que se alimenta el kril. Uno no puede sobrevivir sin el otro.

Comedora de plancton
A pesar de su nombre, las focas cangrejeras se alimentan principalmente de kril.

Peces

Desde las ballenas azules hasta los pingüinos, gran parte de la vida en la Antártida está vinculada al kril.

Focas

En la Antártida hay seis especies de focas. Algunas son los mayores depredadores de la región. El macho de la foca elefante, o elefante marino, es el mayor y pesa más que una camioneta.

Elefante marino

Pingüino

Excelente visión
Sus grandes ojos y pupilas permiten a las focas ver bien en la penumbra oscura de las profundidades del mar.

El elefante marino se llama así por su nariz en forma de trompa.

Lobos marinos

Elefante marino

Contén el aliento
Los elefantes marinos pueden permanecer sin respirar bajo el agua casi dos horas.

Calamar

Foca de Ross

Lobo marino
antártico

Pequeñajo
El lobo marino antártico
es la foca más pequeña
de la Antártida.

Respiraderos
Las focas de Weddell
pueden morder el hielo
para hacer agujeros por
los que respirar.

Foca de
Weddell

Foca leopardo

Leopardos marinos

Como su nombre sugiere, las
focas leopardo son feroces
depredadores que se
alimentan de pingüinos,
peces, calamares e incluso
de otras focas.

Pingüino

La mayor parte de la vida
de una foca transcurre bajo
el hielo, donde a menudo
hace más calor que arriba.

Gigantes del mar

Algunas de las criaturas más grandes y espectaculares de la Tierra viven en las aguas antárticas. El agua fría y profunda contiene muchos nutrientes y fluye hacia la superficie a través de las corrientes submarinas.

La gran ballena
La ballena azul es el mayor animal de la Tierra. Su corazón tiene el tamaño de un coche.

Orca

Zifio calderón austral

Fuerza en el número
Al cazar en manadas, las orcas pueden abatir presas mucho más grandes, ¡incluso ballenas azules!

Cabeza de melón
Es posible que el abultamiento en la frente del zifio calderón austral, llamado melón, sirva para la ecolocalización, que es cuando los animales usan el sonido para orientarse.

BALLENAS DENTADAS

Las ballenas dentadas son depredadores. Usan sus afilados dientes para comer peces, calamares, aves marinas y, a veces, otros mamíferos marinos como focas.

Cachalote

Zifio de Arnoux

Gigantes que devoran gigantes
Los científicos creen que los cachalotes a veces luchan con calamares gigantes en las profundidades del océano y se los comen.

Aguanta la respiración
El zifio de Arnoux puede permanecer bajo el agua sin respirar durante una hora.

Rorcual Minke

Ballena azul

Respiran en la superficie
Para tomar aire en la superficie más fácilmente, las ballenas barbadas tienen dos espiráculos parecidos a nuestras fosas nasales.

BALLENAS BARBADAS

Estas ballenas tienen en la boca enormes estructuras en forma de peine llamadas barbas. Son de queratina (como nuestro cabello y uñas) y les permiten recoger grandes cantidades de diminutas plantas y animales demasiado pequeños para que otros animales grandes se los coman.

Gran migradora
La ballena jorobada migra miles de kilómetros para reproducirse.

Ballena franca austral

Ballenas jorobadas

Placas de queratina
La ballena franca austral tiene alrededor de 250 placas de barbas en su enorme boca.

La ballena azul es la criatura más grande que ha existido.

Rorcual común

Segundo puesto
El rorcual común es la segunda especie de ballena más grande.

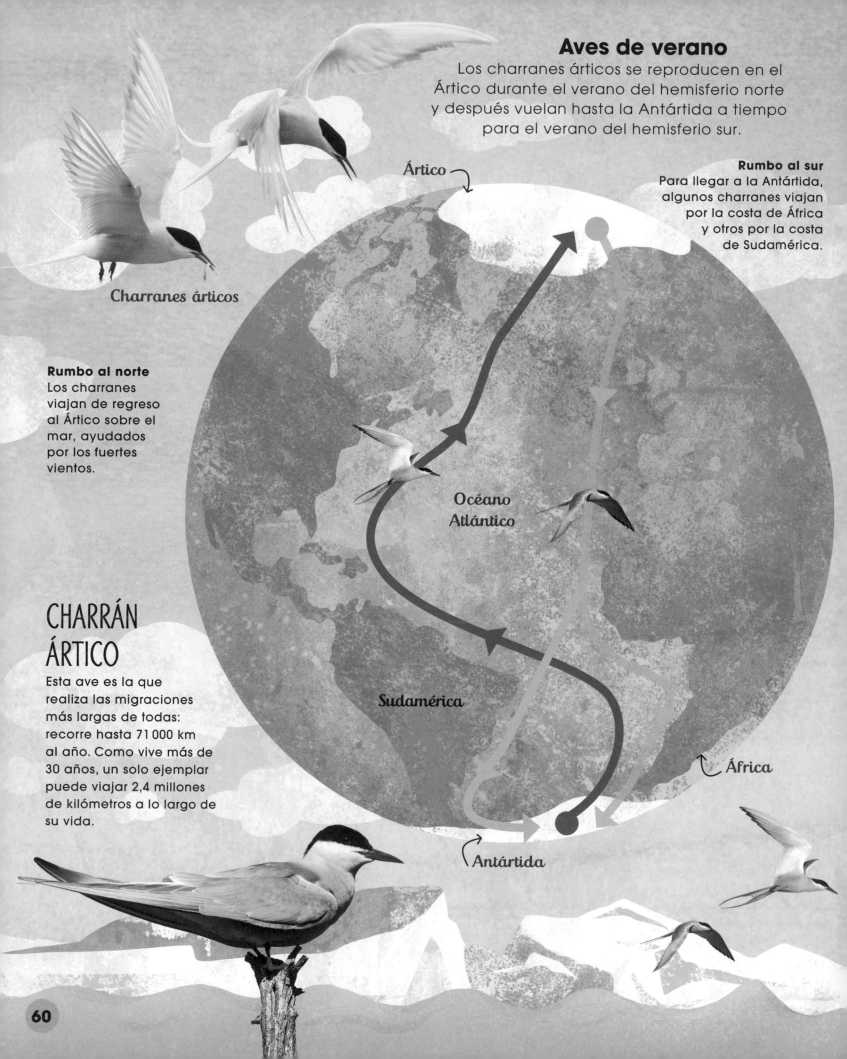

Aves de verano

Los charranes árticos se reproducen en el Ártico durante el verano del hemisferio norte y después vuelan hasta la Antártida a tiempo para el verano del hemisferio sur.

Ártico

Rumbo al sur
Para llegar a la Antártida, algunos charranes viajan por la costa de África y otros por la costa de Sudamérica.

Charranes árticos

Rumbo al norte
Los charranes viajan de regreso al Ártico sobre el mar, ayudados por los fuertes vientos.

Océano Atlántico

CHARRÁN ÁRTICO

Esta ave es la que realiza las migraciones más largas de todas: recorre hasta 71 000 km al año. Como vive más de 30 años, un solo ejemplar puede viajar 2,4 millones de kilómetros a lo largo de su vida.

Sudamérica

África

Antártida

ABANTO MARINO ANTÁRTICO

Tiene afición por los cadáveres en descomposición y por eso se le llama «apestoso». También caza pingüinos.

PARDELA CAPIROTADA

Esta especie es una de las pocas aves que migran desde las islas subantárticas hasta zonas del hemisferio norte.

PÁGALO SUBANTÁRTICO

Los págalos subantárticos pasan la mayor parte de su vida en el mar. Obtienen gran parte de su comida robándosela a otras aves marinas.

CORMORÁN ANTÁRTICO

Es famoso por sus brillantes ojos azules, por lo que a veces se lo llama cormorán de ojos azules.

Aves antárticas

La Antártida es famosa por sus pingüinos, pero también es el hogar de otras especies de aves de las que quizá no hayas oído hablar.

ALBATROS VIAJERO

Estas enormes aves dominan el aire y permanecen en el mar entre cinco y diez años, para después regresar a tierra y aparearse.

PATO PETREL ANTÁRTICO

Vuela a baja altura sobre el océano para capturar kril y calamares con el pico.

PICOVAINA DE LAS MALVINAS

Parecen palomas y pueden comer incluso excrementos.

PAÍÑO DE WILSON

Esta especie se alimenta aleteando inmóvil sobre el agua como un colibrí y atrapando pequeñas presas con el pico.

Pingüinos

Hay 18 especies de pingüinos en el mundo, pero solo cinco se encuentran en la Antártida. Los pingüinos no pueden volar, pero son grandes nadadores, gracias a sus poderosas aletas y a su cuerpo en forma de torpedo.

Pingüino juanito

Pingüinos emperador

Con la cabeza bien alta

Con un peso de unos 40 kg y una altura de poco más de un metro, el pingüino emperador es la especie de pingüino más grande.

Pingüino saltarrocas

Vida en el mar

Los pingüinos macaroni pueden pasar hasta tres semanas seguidas cazando en el océano.

Vida en las islas

Los pingüinos rey viven y se reproducen en las islas que rodean la Antártida.

Pingüino rey

Pingüino macaroni

Ojos adaptables

Bajo el agua, nosotros vemos borroso. Pero los pingüinos pueden ver bien tanto en tierra como en el agua.

Los pingüinos juanito son los más rápidos, ¡nadan hasta a 35 km/h!

Pingüino barbijo

Pingüinos de Adelia

Buceo

Pasan la mayor parte del tiempo cazando en el agua, y a veces bucean a gran profundidad para atrapar peces, calamares y kril.

Seguridad en grupo

Los pingüinos barbijo son los pingüinos más numerosos de la Antártida.

Los pingüinos son grandes nadadores.

Exploración antártica

El Polo Sur está en medio del desierto más grande, frío y ventoso del mundo. Sin embargo, los exploradores pensaban que sería más fácil llegar al Polo Sur que al Polo Norte, porque está en tierra, mientras que el Polo Norte está en mitad de un océano helado. En la década de 1900, dos expediciones diferentes partieron hacia la Antártida en lo que fue una carrera hacia el Polo Sur.

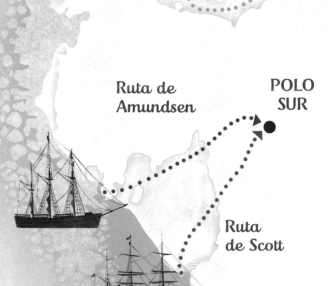

Ruta de Shackleton

Sabiduría inuit
El equipo de Amundsen sobrevivió gracias a lo que les enseñaron los inuit, como abrigarse con pieles de animales para mantenerse calientes.

Ruta de Amundsen

POLO SUR

Ruta de Scott

ROALD AMUNDSEN

El 14 de diciembre de 1911, el explorador noruego Roald Amundsen y su equipo se convirtieron en las primeras personas en llegar al Polo Sur. En visitas al Ártico, habían aprendido de los inuit formas de sobrevivir al frío. Usaron trineos tirados por perros y esquís para hacer su viaje a la Antártida, y los cuatro miembros del equipo regresaron sanos y salvos.

Entre 1897 y 1922 hubo 17 expediciones antárticas.

El barco de Shackleton
El barco malogrado se llamaba *Endurance*.

Contra los elementos
La expedición de Scott se enfrentó a un clima más frío y a condiciones más duras que la de Amundsen.

ROBERT SCOTT

Scott intentó por primera vez llegar al Polo Sur sin éxito en 1904. Lo intentó por segunda vez, pero cuando él y su equipo llegaron al Polo Sur, el 17 de enero de 1912, descubrieron que el equipo de Amundsen había estado allí 34 días antes. Lamentablemente, el equipo de Scott no sobrevivió al viaje de regreso a casa.

ERNEST SHACKLETON

En 1914, el barco de Ernest Shackleton quedó atrapado en el mar helado mientras intentaba llegar a la Antártida. La tripulación pasó meses en el barco y, cuando este se hundió, viajó durante seis días en botes salvavidas hasta Isla Elefante. Shackleton hizo después un viaje épico de casi 1300 km para buscar ayuda. Tras 20 meses, devolvió a todos los marineros sanos y salvos a Inglaterra.

Un barco en buena forma
Usando submarinos por control remoto, los científicos encontraron el *Endurance* en el fondo del mar de Weddell en 2022. Sorprendentemente, ¡estaba en buen estado!

Monolito Scullin

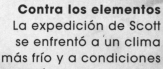

INGRID CHRISTENSEN

Durante décadas, los hombres no permitían que las mujeres se unieran a sus tripulaciones. Sin embargo, en 1931, Ingrid Christensen y Mathilde Wegger se convirtieron en las primeras mujeres en ver la Antártida desde un barco. Christensen regresó varias veces, y en 1936 sobrevoló el continente. En 1937, aterrizó en el monolito Scullin, con sus tres tripulantes femeninas, convirtiéndose así en la primera mujer en llegar al continente.

Estaciones científicas

Hacen falta edificios especiales para sobrevivir al invierno antártico. Los pilotes que pueden subirse y bajarse evitan que las estaciones científicas queden sepultadas bajo la nieve. Cada cápsula se usa para un propósito diferente, desde dormir o hacer ejercicio hasta experimentos científicos.

Estudiar la Antártida

En 1959, 12 países firmaron el Tratado Antártico.
Declaraba que el continente de la Antártida solo debe usarse con fines pacíficos, ni para guerras ni para usar armas nucleares. ¡Solo mucha ciencia!

Un lugar para la ciencia

Hoy en día, más de 50 países han firmado ya el Tratado Antártico, lo que le ha valido a la Antártida que se la conozca como el «Continente Internacional».

Argentina   Australia   Chile   Rusia

Cómo viven los científicos

En invierno, la Antártida se enfría tanto que duele respirar. Las tormentas duran semanas y la oscuridad puede volverse abrumadora. Pero también hay tiempo para escalar rocas, esquiar e incluso jugar al fútbol al aire libre.

En verano hay unos 4400 investigadores y personal de apoyo viviendo en la Antártida, pero en invierno son solo 1100.

¿Qué estudian?

En la Antártida se investiga una gran variedad de cosas, como el cambio climático, los animales, las auroras polares, la capa de ozono e incluso los neutrinos, partículas diminutas que provienen del espacio.

Pingüinos juanito

| Nueva Zelanda | Reino Unido | Estados Unidos | Noruega | Francia | Japón | Bélgica | Sudáfrica |

LOS MUNDOS HELADOS Y YO

Tanto el Ártico como la Antártida están amenazados por los efectos del cambio climático.

Los combustibles fósiles como el carbón y el petróleo hacen que la Tierra se caliente. A medida que **los casquetes de hielo y los glaciares se derriten**, los ecosistemas cambian demasiado deprisa para que las plantas y los animales puedan adaptarse. **La buena noticia es que no es demasiado tarde para revertir estos efectos.**

Si trabajamos juntos, podemos salvar especies de la extinción, restaurar hábitats y ayudar a las personas, las plantas y los animales a prosperar. **Juntos, podemos proteger los polos.**

Es importante abrigarse bien para disfrutar del frío del Ártico y del Antártico.

Hielo en peligro

Nuestro planeta se está volviendo más cálido. Al quemar combustibles fósiles como petróleo y carbón y talar los bosques, los seres humanos estamos haciendo que el clima cambie mucho más rápido que nunca. Este cambio climático, o calentamiento global, está poniendo en grave peligro a los polos.

El hielo se derrite

A medida que el planeta se calienta, más y más hielo se derrite. Los osos polares, las morsas y muchos otros animales dependen del hielo para desplazarse dentro de su hábitat. Sin hielo, es posible que algunos animales no puedan encontrar suficiente comida para sobrevivir.

El Sol calienta nuestro planeta, lo cual hace posible la vida, pero también emite radiación nociva.

CAMBIO CLIMÁTICO

La atmósfera de la Tierra actúa como un invernadero, atrapando el calor del Sol y calentando la Tierra. Pero ahora está atrapando más calor que antes.

Oso polar

Tráfico marítimo
Más tráfico marítimo es más contaminación que amenaza a los animales marinos, que pueden resultar heridos por los grandes buques.

Parte de la radiación queda atrapada en la atmósfera, haciendo que el planeta se caliente.

Parte del calor escapa de nuevo al espacio.

La actividad humana hace que se acumulen gases de efecto invernadero en la atmósfera, atrapando más radiación solar.

Sube la marea
El deshielo hace que haya más agua en el océano y que suba su nivel, lo que amenaza a los hábitats costeros.

Luchando por la comida
A los científicos les preocupa que el aumento de la temperatura en los mares perjudique al kril. Esto afectaría a muchos animales que dependen del kril para alimentarse.

Pingüinos

Kril

71

Ayudar al hielo

El calentamiento global es un problema que afecta a las regiones polares, pero también al resto del planeta. Todos debemos ayudar para solucionarlo. ¡Hay muchas cosas que podemos hacer para que el planeta sea un lugar más limpio, más verde y mejor para vivir!

Comedero para aves hecho con una botella

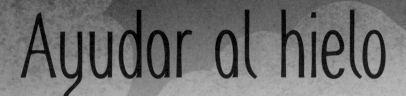

Apágalo
¿No lo estás usando? ¡Dale al interruptor!

Segunda vida
¿Se te ocurren nuevos usos para las botellas o las bolsas usadas?

Clasifica y separa
Ayuda a separar los materiales reciclables en el cubo de basura.

Luz

Reciclar

AHORRA ENERGÍA
Mucha electricidad se produce con combustibles fósiles que cambian el clima, como el carbón y el gas. Apaga las luces y los dispositivos electrónicos cuando no los necesites.

RECICLA O REUTILIZA
Utilizar las cosas más de una vez o reciclarlas puede ayudar a disminuir la necesidad de fabricar nuevos materiales. Así ayudarás a reducir la contaminación.

Incluso las acciones pequeñas contra el cambio climático pueden ayudar a salvar el hielo polar.

Usa la bici
Para trayectos cortos, la bici es una excelente manera de desplazarse.

Casco de bici

ESTAMOS JUNTOS EN ESTO

Los gobiernos, las empresas y los científicos son quienes más pueden hacer por encontrar soluciones al problema del cambio climático: buscar nuevas fuentes de energía verde, como turbinas eólicas y paneles solares, y desarrollar tecnología, como automóviles eléctricos, que reduzca los gases de efecto invernadero que producimos.

REDUCIR LAS EMISIONES

Los automóviles que usan combustibles fósiles liberan nocivos gases de efecto invernadero que contribuyen al cambio climático. Cuando necesites desplazarte, intenta ir a pie, en bicicleta, en autobús o en tren.

Avistamiento de ballenas
Ahora que el número de ballenas azules se está recuperando, se puede ir en barco a observarlas en su hábitat natural.

Una historia de éxito

La ballena azul es el animal más grande que ha existido (más grande que cualquiera de los dinosaurios). Unas pocas décadas de caza casi llevaron a estos animales a la extinción. Cuando, en los años setenta, solo quedaban 360 ballenas azules, la gente decidió poner fin a la caza de ballenas para protegerlas.

Hoy, hay unas **15 000 ballenas azules vivas.**

Hay varias subespecies de ballena azul, pero las ballenas azules antárticas son las más largas y pesadas de todas.

Cola de ballena
Las marcas de la cola de cada ballena son únicas y ayudan a los científicos a seguirles la pista.

Un gran bocado
La ballena azul atrapa toneladas de kril de una vez en su gigantesca boca.

Grasa de bebé
El ballenato aumenta de peso rápidamente en su primer año. Cada día gana el equivalente al peso de una nevera.

BALLENA AZUL

En la actualidad, más de 2000 ballenas azules nadan en las aguas antárticas. Si bien son muchas menos de las que había antes, eso nos recuerda que los seres humanos podemos lograr grandes cosas cuando nos unimos con un propósito común.

Glosario

ADAPTARSE
La forma en que cambia un ser vivo para poder sobrevivir en su entorno.

ARTRÓPODO
Grupo de invertebrados con un esqueleto exterior resistente y un cuerpo dividido en segmentos.

ATMÓSFERA
Gruesa capa de gases alrededor de la Tierra que protegen el planeta de los rayos ardientes del Sol.

BENTOS
Comunidad de seres vivos que viven en o cerca del lecho marino.

CAMBIO CLIMÁTICO
Cambio en la temperatura y el clima de la Tierra. Puede ser natural o causado por la actividad humana, como la contaminación.

CAMPO MAGNÉTICO
Área de magnetismo que rodea un imán, un planeta, una estrella o una galaxia.

CARNÍVORO
Animal que come otros animales.

CARROÑERO
Animal que se alimenta de los restos de animales muertos.

COLMILLO
Diente largo que crece en la mandíbula de animales como los elefantes y los narvales.

COMBUSTIBLES FÓSILES
Combustibles hechos de animales y plantas que murieron hace millones de años, como el carbón y el petróleo.

CRUSTÁCEO
Artrópodo normalmente acuático y que respira mediante branquias, como las langostas y los camarones.

DEPREDADOR
Animal que caza otros animales para comer.

DIQUE
Barrera que retiene el agua.

ECOLOCALIZACIÓN
Proceso que utilizan algunos animales para localizar objetos con el sonido en lugar de con la vista. Producen ondas de sonido y escuchan cuánto tarda el sonido en regresar. Esto les permite comunicarse o encontrar una presa.

ECOSISTEMA
Comunidad de seres vivos y su entorno, como por ejemplo el suelo, el agua y el aire que los rodea.

ESPECIE CLAVE
Ser vivo que ayuda a mantener unido su hábitat.

ESPIRÁCULO
Fosa nasal en la parte superior de la cabeza de una ballena que le permite respirar.

EVOLUCIONAR
La forma en que los seres vivos cambian y se adaptan con el tiempo para sobrevivir.

FUNDIRSE
Derretirse.

GASES DE EFECTO INVERNADERO

Gases en la atmósfera terrestre que atrapan el calor y calientan el planeta.

HEMISFERIO

Mitad superior o inferior de la Tierra. El Ártico está en el hemisferio norte y la Antártida en el hemisferio sur.

INUK

Persona perteneciente al grupo de pueblos inuit.

INVERTEBRADO

Animal sin espina dorsal.

LARVA

Insecto después de salir del huevo, pero antes de la etapa adulta.

MASA DE TIERRA

Continente o área extensa de tierra.

MIGRAR

Moverse de una región a otra.

MINERAL

Grupo de sustancias químicas que forman un sólido presente en la naturaleza, como los cristales.

NÓMADA

Que no vive en un lugar fijo, sino que se desplaza dentro de un área en busca de comida y agua.

ÓRBITA

Trayectoria que sigue un objeto alrededor de otro debido a la gravedad, como los planetas alrededor del Sol.

PARÁSITO

Animal que vive en otro animal y se alimenta de él.

PERMAFROST

Capa de tierra permanentemente congelada bajo el suelo.

POLAR

Relacionado con las áreas en torno al Polo Norte y el Polo Sur.

PRESA

Animal cazado por otros animales.

PUEBLOS INDÍGENAS

Pueblos que son o que están relacionados con los primeros habitantes conocidos de un lugar.

REMOTO

Alejado de áreas frecuentadas.

TEJIDO ADIPOSO

Tipo de tejido corporal donde se almacena la grasa.

TORPEDO

Arma delgada con forma de cilindro que se dispara desde un submarino.

VERTEBRADO

Animal con espina dorsal.

VIENTO SOLAR

Corriente cargada de partículas proveniente del Sol.

Índice

Agradecimientos

El editor quiere agradecer a las siguientes personas su asistencia: Susie Rae por la revisión y la preparación del índice.

CRÉDITOS DE LAS IMÁGENES

Los editores agradecen a los siguientes su permiso para reproducir sus fotografías. (Clave: a: arriba; b: bajo/debajo; c: centro; d: derecha; e: extremo; i: izquierda; s: superior)

1 **123RF.com:** Eric Isselee / isselee (bi). **Dreamstime.com:** Agami Photo Agency (c); Isselee (cd); Deaddogdodge (cda); Sergey Uryadnikov / Surz01 (cib). **4-5 Dreamstime.com:** Oskari Porkka. **5-73 Dreamstime.com:** Designprintck (fondo). **6-7 Dreamstime.com:** Ruslan Nassyrov / Ruslanchik. **6 Alamy Stock Photo:** Ton Koene (cb). **Dorling Kindersley:** Andrew Beckett (sd); Tracy Morgan (c). **Dreamstime.com:** Deaddogdodge (cdb); Luis Leamus (sc); Helen Panphilova / Gazprom (cda); Konstantin Pukhov / Kostya6969 (ci). **naturepl.com:** Eric Baccega (cib). **7 Alamy Stock Photo:** Keren Su / China Span (ci); Ray Wilson (sd); Roger Clark (cb); H. Mark Weidman Photography (cd); Zoonar / Dmytro Pylypenko (cdb). **Dorling Kindersley:** leksele (sc). **Dreamstime.com:** Jan Martin Will (sc/pingüino); naturepl.com: Colin Monteath (cb/hierba); Tui De Roy (cia). **Shutterstock.com:** David Osborn (cib); Tarpan (cb/foca). **8-9 Dreamstime.com:** Hramovnick (s/témpanos); Prachenko Iryna (s); Christopher Wood (ca); Robkna (cb). **8 Dreamstime.com:** Steve Allen (bd); Alexey Sedov (cb); Rgbe (ci); Luis Leamus (bi). **9 Dreamstime.com:** Deaddogdodge (ca); Alexey Sedov (cda); Fotokon (c); Photographerlondon (cib); Ndp (bc, cdb). **10 Dreamstime.com:** Scattoselvaggio (cdb). **Getty Images:** Moment / Javier Fernndez Snchez (cib). **11 Alamy Stock Photo:** blickwinkel / AGAMI / A. Ghignone (cib). **Getty Images:** DmitryND (cdb). **12 123RF.com:** Steve Byland / steve_byland (cia). **Alamy Stock Photo:** All Canada Photos / Ron Erwin (cdb). **Dreamstime.com:** Perchhead (cda). **Getty Images / iStock:** E+ / Oleh_Slobodeniuk (cib). **13 Dreamstime.com:** Iakov Filimonov / Jackf (cdb). Getty Images: Steve Austin (cib). **14 Alamy Stock Photo:** imageBROKER / Michael Weberberger (cib/ballena). **Dorling Kindersley:** Andrew Beckett (sd). **Dreamstime.com:** Iakov Filimonov / Jackf (cb); Sergey Korotkov (cib). **naturepl.com:** Tui De Roy (ca). **16-17 naturepl.com:** Norbert Wu. **16 naturepl.com:** Jordi Chias (cda). **17 naturepl.com:** Norbert Wu (cda). **18 Dreamstime.com:** Christopher Ewing (ca). **19 Dreamstime.com:** Gail Johnson (bd); Wirestock (bi). **20-21 Alamy Stock Photo:** Ashley Cooper pics. **20 Alamy Stock Photo:** Ashley Cooper pics (bd). **24-25 Alamy Stock Photo:** robertharding / David Jenkins. **26 Alamy Stock Photo:** Arterra Picture Library / Arndt Sven-Erik (bd); Ken Archer / DanitaDelimont (c); Tom Ingram (bc). **Dreamstime.com:** Agami Photo Agency (c/x4); Lee Amery (sd); Andreanita (cd, c); Akinshin (cib). **27 Alamy Stock Photo:** All Canada Photos / Benjamin Dy (cd); blickwinkel / McPHOTO / TRU (cib); Arterra Picture Library / van der Meer Marica (cdb, bi); Arterra Picture Library / Arndt Sven-Erik (ecda). **Dreamstime.com:** Erectus (ci, cda); Vladimir Melnikov (ca); Koldunova (c); Lillian Tveit (cb). **28 Dreamstime.com:** Jim Cumming (b); Mikelane45 (cda); Marcin Wojciechowski (ci). **Shutterstock.com:** Jukka Jantunen (c). **29 Dreamstime.com:** Per Bjorkdahl (ca); Samsem67 (si); Mikhail Blajenov (sc); Denis Pepin (bi); Sergey Uryadnikov / Surz01 (cia); Lanaufoto (c). **30 123RF.com:** Vasiliy Vishnevskiy / ornitolog82 (si). **Dorling Kindersley:** Roger Tidman (cd). **Dreamstime.com:** Agami Photo Agency (sc); Lee Amery (ci); Wkruck (si/colimbo chico); Jeff Grabert (cia); Paul Reeves (ca); Frank Fichtmueller (bi); Vladimir Melnik (bc); Dinozzaver (bd); Getty Images: Daniel Parent (sd). **30-31 Dreamstime.com:** Neil Burton (c). **31 Dorling Kindersley:** Chris Gomersall Photography (bi); Mike Lane (ca); Windrush Photos (c). **Dreamstime.com:** Agami Photo Agency (bd);

Razvan Zinica (si); Brian Kushner / Bkushner (cia); Andreanita (ci); Julian Popov (ca/alcatraces); Henkbogaard (cda); Smitty411 (cb); Simonas Minkevilus (cb/arenque); David Spates (cdb); Mogens Trolle (cdb/fulmar boreal r); **32 Dreamstime.com:** Planetfelicity (cd, b). **33 Alamy Stock Photo:** Franco Banfi / Nature Picture Library (bi); SCOTLAND: The Big Picture / Nature Picture Library (cd). **Getty Images:** Doug Allan (ca); Kevin Schafer (cda). **naturepl.com:** Chris Gomersall (cdb); Tony Wu (si); Pal Hermansen (sd). **34-35 Dreamstime.com:** Planetfelicity. **36 Alamy Stock Photo:** John Delapp / Alaska Stock / Design Pics Inc (si); Louise Murray (c). **Dreamstime.com:** Bborriss (cia); Anna Markova (ecib); Kateryna Mashkevych (cib); Vitaserendipity (bi); Digitalimagined (cb); MikeModular (bd). **36-37 Alamy Stock Photo:** GenOne360 (c). **Dreamstime.com:** Tanchic (cb). **37 Alamy Stock Photo:** blickwinkel / McPHOTO / BRS (ci); GM Photo Images (ca); Guy Edwardes / Nature Picture Library (cd); Nature Picture Library (c). **Dreamstime.com:** Jay Beiler (si); Tony Campbell (cia); Lars Ove Jonsson (sd); Ordinka26 (ca/saxifraga); Tanchic (cb); Olya Solodenko (bd). **38 123RF.com:** Charles Brutlag (cib). **Alamy Stock Photo:** Phil Savoie / Nature Picture Library (cd); Bryan and Cherry Alexander (cd); Jenny E. Ross (ci). **39 Alamy Stock Photo:** Daniel Heuclin / Nature Picture Library (c/rezno). **Dreamstime.com:** Risto Hunt (cb); Orionmystery (c). **naturepl.com:** Nick Upton (cdb). **40 Alamy Stock Photo:** Cindy Hopkins (bd). **Dreamstime.com:** Alexander Khitrov. **42 Alamy Stock Photo:** Frans Lemmens (c). **Dreamstime.com:** Vladimir Konjushenko (bd). **42-43 Dreamstime.com:** Checco (cb). **43 Dreamstime.com:** Hel080808 (si). **44-45 Alamy Stock Photo:** Richard Ryland. **44 Dreamstime.com:** Ruslan Gilmanshin (cdb). **47 Alamy Stock Photo:** Historic Collection (bc); Tango Images (cda). **48-49 Dreamstime.com:** Slew11. **50 Dorling Kindersley:** Alan Burger (c). **Dreamstime.com:** Agami Photo Agency (sc). **51 Alamy Stock Photo:** Helmut Corneli (cib). **Dreamstime.com:** Jonathan R. Green / Jonagreen (cia); Jan Martin Will (ca). **52 Dreamstime.com:** Vladislav Jirousek (cda). **53 Alamy Stock Photo:** Michael Nolan / robertharding (ca/foca leopardo). **Dreamstime.com:** Vladislav Jirousek (ca); Robertlasalle (cda). **54-55 123RF.com:** Eugene Sergeev. **Dorling Kindersley:** Natural History Museum, Londres (c). **54 Alamy Stock Photo:** Fred Olivier / Nature Picture Library (ecdb). **Dreamstime.com:** Allexxandar (c); Simone Gatterwe / Smgirly (bi); Sandra Nelson (cib). **55 Dreamstime.com:** Leonello Calvetti (cda). **naturepl.com:** Jordi Chias (b); Doug Perrine (cb). **56 Alamy Stock Photo:** imageBROKER / Jurgen & Christine Sohns (cib). **Getty Images:** by wildestanimal (cd); Peter Giovannini (cia). **naturepl.com:** Jordi Chias (ci). **57 Alamy Stock Photo:** Alasdair Turner / Cavan Images (cia); Norbert Wu / Minden Pictures (ci). **Dreamstime.com:** Staphy (ca). **naturepl.com:** Jordi Chias (cd). **58 Alamy Stock Photo:** Blue Planet Archive FBA (bi); Andreas Maecker (cia). **Dreamstime.com:** Simone Gatterwe / Smgirly (cda). **naturepl.com:** Richard Herrmann (si). **58-59 Alamy Stock** Photo: George Karbus Photography / Cultura Creative RF (cb). **59 Alamy Stock Photo:** Jurgen Freund / Nature Picture Library (sd); Wildestanimal (cd); Doc White / Nature Picture Library (bd). **Getty Images / iStock:** bbevren (si). **60 Alamy Stock Photo:** Marie Read / Nature Picture Library (si). **Dreamstime.com:** Hakoar (cia, c, bd, cdb); Pisotckii (bi). **61 Alamy Stock Photo:** Luis Quinta / Nature Picture Library (sc); Chris & Monique Fallows / Nature Picture Library (cd); Markus Varesvuo / Nature Picture Library (cdb). Dreamstime.com: Agami Photo Agency (cib); Ondej Prosick (cb); Tarpan (cib). **naturepl.com:** Claudio Contreras (cb); Brent Stephenson (c). **62 Dreamstime.com:** Andybignellphoto (cdb, sd); Gentoomultimedia (ci). **63 Alamy Stock Photo:** Zoonar / Sergey Korotkov (cia). **Dreamstime.com:** Isselee (sc); Willtu (cib); Angela Perryman (cd). **Getty Images:** Andrew Peacock (bc). **64 Getty Images:** Bettmann (cib). **65 Dreamstime.com:** Gentoomultimedia (ci).

Getty Images: Bettmann (sd); Hulton-Deutsch Collection / Corbis (c). **67 Getty Images:** Andrew Peacock (cdb). **68-69 Dreamstime.com:** Polina Bublik. **70 Dreamstime.com:** Yan Keung Lee (s); Ondej Prosick (cib). **71 Dreamstime.com:** Silvae1 (bd); Tarpan (bi, ebi, bc). **72 Dreamstime.com:** Airborne77 (cd); Rawin Tanpin (bi); Lianna2013 (ci); Tatiana Kuklina (sd). **73 Dreamstime.com:** Cretolamna (cib). **74 naturepl.com:** Doug Perrine (sd). **75 Getty Images:** SCIEPRO / Science Photo Library (si)

Cover images: Cubierta frontal: **123RF.com:** Eric Isselee / isselee ci; **Dreamstime.com:** Luis Leamus si, Sergey Uryadnikov / Surz01 cda, Vladimir Seliverstov / Vladsilver crb; Contracubierta: **123RF.com:** Eric Isselee / isselee cd; **Dreamstime.com:** Luis Leamus sd, Sergey Uryadnikov / Surz01 cia, Vladimir Seliverstov / Vladsilver clb; Lomo: **Dreamstime.com:** Sergey Uryadnikov / Surz01 s

Resto de las imágenes © Dorling Kindersley

SOBRE LA ILUSTRADORA

Claire McElfatrick es una artista freelance. Sus bonitas ilustraciones y colages se inspiran en la Inglaterra rural que la vio nacer. Claire ha ilustrado todos los libros anteriores de esta serie: *The Magic and Mystery of Trees*, *La vida secreta de los insectos*, *La vida secreta de los océanos* y *La vida secreta de las aves*.